Numbers to 20

Connect the dots from 1 to 20.

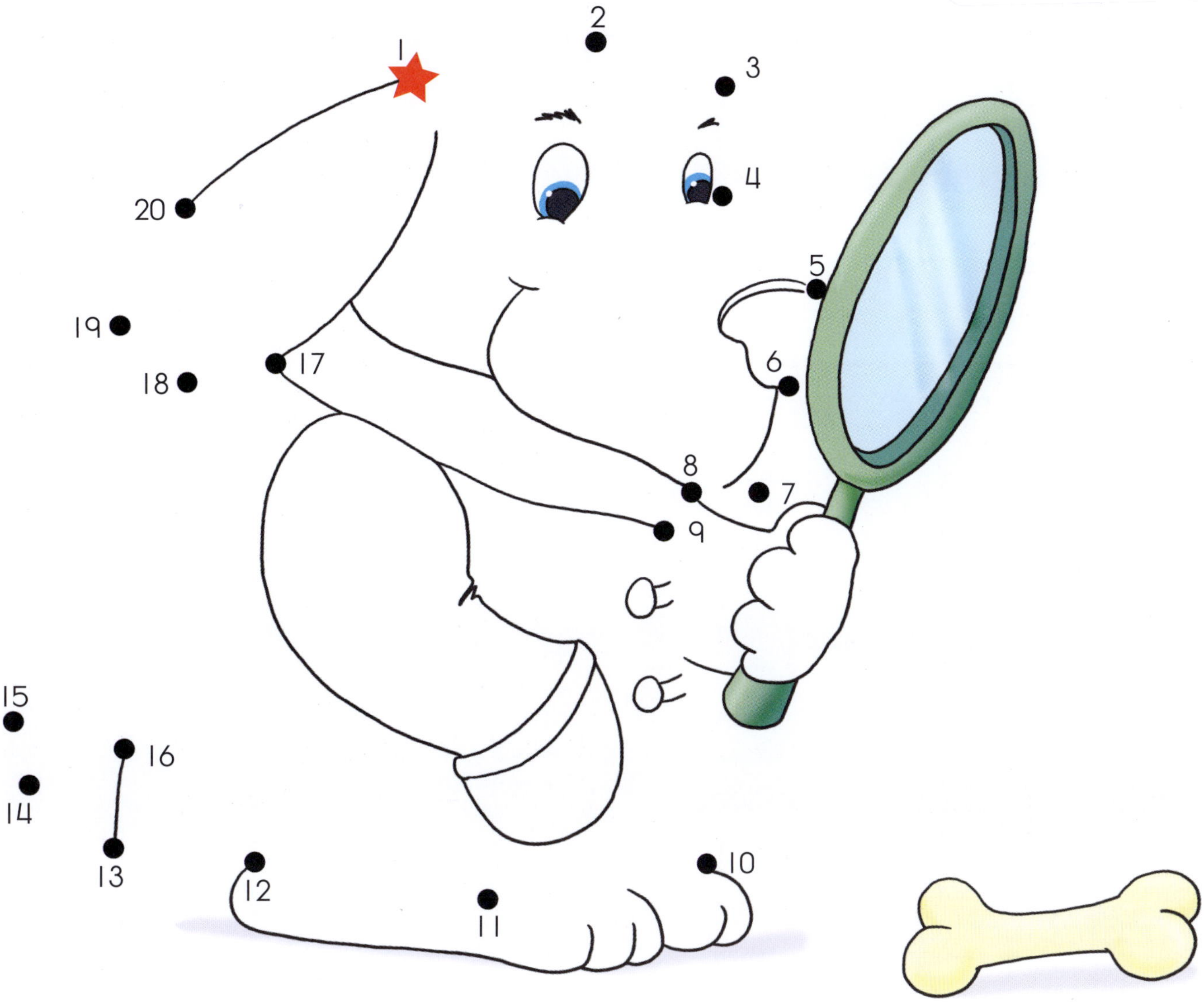

Write the missing numbers.

1. 0 1 ___ 3 4 ___ 6 ___ 8 ___ 10
2. 11 ___ 13 ___ 15 ___ 17 ___ ___ 20
3. 6 7 ___ 9 ___ ___ 12 ___ 14 ___ 16
4. 10 ___ 8 ___ ___ 5 ___ 3 ___ ___ 0

Before, Between and After

Which number comes **before**?

1. ____ 6 7
2. ____ 10 11
3. ____ 14 15
4. ____ 11 12
5. ____ 18 19
6. ____ 1 2

Which number belongs **between**?

7. 4 ____ 6
8. 11 ____ 13
9. 16 ____ 18
10. 0 ____ 2
11. 17 ____ 19
12. 13 ____ 15

Which number comes **after**?

13. 3 4 ____
14. 15 16 ____
15. 18 19 ____
16. 6 7 ____
17. 17 18 ____
18. 8 9 ____

Greater or Less

Greater means more than.
Less means not as many.

Circle the number that is **greater**.

1.	5	8	2.	14	12	3.	19	9
4.	10	0	5.	2	12	6.	13	18
7.	13	3	8.	4	15	9.	20	12

Circle the number that is **less**.

10.	7	9	11.	11	8	12.	20	2
13.	15	11	14.	13	18	15.	0	3
16.	19	9	17.	17	19	18.	12	20

Finding Sums

The answer to an addition problem is called the **sum**.
You can write an addition number sentence like this: 3 + 4 = 7

3 + 4 = 7

Look at the picture. Read the number sentence.
Write the **sum**.

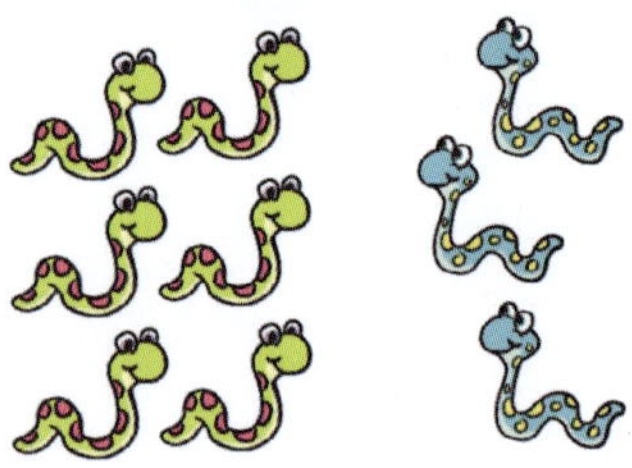

1. 6 + 3 = ____

2. 2 + 5 = ____

3. 8 + 0 = ____

4. 4 + 4 = ____

5. 5 + 4 = ____

6. 5 + 5 = ____

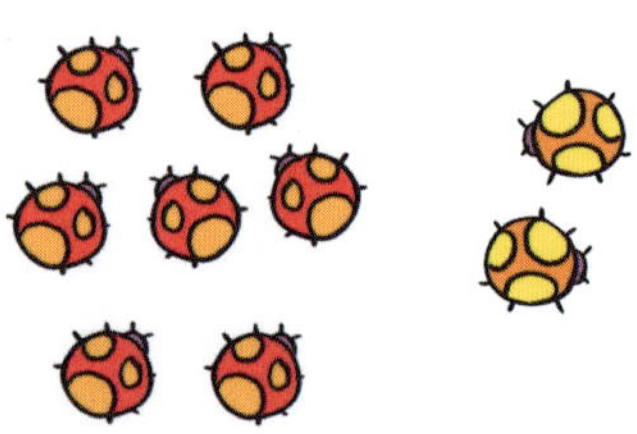

7. 7 + 2 = ____

8. 6 + 4 = ____

9. 8 + 2 = ____

10.

How many butterflies are there in all? **9 10 11**

Write the number sentence.

____

Finding Differences

The answer to a subtraction problem is called the **difference**.
You can write a subtraction number sentence like this: 11 - 4 = 7

11 – 4 = 7

Look at the picture. Read the number sentence.
Write the **difference**.

1. 7 – 3 = ____

2. 10 – 4 = ____

3. 10 – 8 = ____

4. 9 – 4 = ____

5. 9 – 7 = ____

6. 8 – 2 = ____

7. 7 – 4 = ____

8. 10 – 5 = ____

9. 8 – 3 = ____

10. How many more ducks than owls are there? **4 5 6**

Write the number sentence.

____

Fact Families

A **fact family** uses the same numbers in its addition and subtraction problems.

Write the missing numbers to complete the **fact family**.

1. $5 + 7 = \square$ $7 + 5 = \square$ $12 - 5 = \square$ $12 - 7 = \square$

2. $5 + \square = 10$ $10 - 5 = \square$

3. $3 + \square = 9$ $6 + 3 = \square$ $9 - \square = 3$ $9 - 3 = \square$

4. $6 + 6 = \square$ $\square - 6 = 6$

5. $6 + 5 = \square$ $\square + 6 = 11$ $11 - \square = 6$ $11 - 6 = \square$

6. $7 + \square = 11$ $4 + 7 = \square$ $11 - 7 = \square$ $\square - 4 = 7$

Which Number Is Missing?

Find the missing number. Use the number line if you need help.

1. $11 - 2 = \square$
2. $7 - 4 = \square$
3. $12 - \square = 8$
4. $11 - 7 = \square$
5. $9 - 5 = \square$
6. $\square - 2 = 5$
7. $12 - 7 = \square$
8. $10 - 3 = \square$
9. $10 - 8 = \square$
10. $11 - 3 = \square$
11. $11 - 8 = \square$
12. $9 - 3 = \square$
13. $8 - \square = 5$
14. $7 - \square = 4$
15. $\square - 6 = 4$
16. $\square - 5 = 5$

More Fact Families

All of the number sentences in a **fact family** use the **same numbers**.

8, 7, 15

8 + 7 = 15

7 + 8 = 15

15 − 7 = 8

15 − 8 = 7

Complete the **fact family**.

1. 5, 9, 14

5 + ___ = ___

9 + ___ = ___

14 − ___ = ___

___ − ___ = 5

2. 9, 6, 15

___ + ___ = ___

___ + ___ = ___

___ − ___ = ___

___ − ___ = ___

3. 7, 6, 13

___ + ___ = ___

___ + ___ = ___

___ − ___ = ___

___ − ___ = ___

4. 8, 9, 17

___ + ___ = ___

___ + ___ = ___

___ − ___ = ___

___ − ___ = ___

5. 8, 6, 14

___ + ___ = ___

___ + ___ = ___

___ − ___ = ___

___ − ___ = ___

6. 7, 9, 16

___ + ___ = ___

___ + ___ = ___

___ − ___ = ___

___ − ___ = ___

Which Number Is Missing?

Find the missing numbers.

1. $6 + \square = 10$ $10 - 6 = \square$

2. $14 - 8 = \square$ $\square + 8 = 14$

3. $3 + \square = 12$ $12 - \square = 9$

4. $7 + \square = 13$ $13 - \square = 6$

5. $15 - 8 = \square$ $\square + 7 = 15$

6. $9 + \square = 18$ $18 - \square = 9$

7. $4 + \square = 11$
   $11 - 4 = \square$

8. $7 + \square = 14$
   $14 - \square = 7$

9. $6 + \square = 15$
   $15 - 9 = \square$

10. $6 + \square = 12$
    $12 - \square = 6$

11. $8 + \square = 17$
    $17 - \square = 9$

12. $13 - 8 = \square$
    $5 + \square = 13$

Sums and Differences

Solve this riddle:

Which animal would you like to hire to work in an office?

Add and subtract to find the answer.

A
6 + 7 = ____

E
3 + 9 = ____

T
14 − 7 = ____

S
16 − 8 = ____

A
5 + 8 = ____

R
18 − 9 = ____

E
4 + 8 = ____

R
17 − 8 = ____

R
15 − 6 = ____

S
15 − 7 = ____

Y
8 + 6 = ____

C
9 + 6 = ____

D
7 + 9 = ____

B
9 + 8 = ____

I
14 − 9 = ____

The ____ ____ ____ ____ ____ ____ ____ ____ ____
8 12 15 9 12 7 13 9 14

____ ____ ____ ____
17 5 9 16

Checking Facts

Cross out the seven incorrect answers.
Write the correct answers.
Which set has **more** correct answers? ______

Set A		Set B	
$\begin{array}{r} 7 \\ +\ 8 \\ \hline 15 \end{array}$	$\begin{array}{r} 7 \\ +\ 5 \\ \hline 12 \end{array}$	$\begin{array}{r} 5 \\ +\ 8 \\ \hline 13 \end{array}$	$\begin{array}{r} 9 \\ +\ 7 \\ \hline 14 \end{array}$
$\begin{array}{r} 12 \\ -\ 6 \\ \hline 6 \end{array}$	$\begin{array}{r} 15 \\ -\ 6 \\ \hline 8 \end{array}$	$\begin{array}{r} 14 \\ -\ 7 \\ \hline 6 \end{array}$	$\begin{array}{r} 15 \\ -\ 7 \\ \hline 8 \end{array}$
$\begin{array}{r} 9 \\ +\ 6 \\ \hline 14 \end{array}$	$\begin{array}{r} 9 \\ +\ 4 \\ \hline 13 \end{array}$	$\begin{array}{r} 4 \\ +\ 8 \\ \hline 12 \end{array}$	$\begin{array}{r} 8 \\ +\ 6 \\ \hline 13 \end{array}$
$\begin{array}{r} 18 \\ -\ 9 \\ \hline 9 \end{array}$	$\begin{array}{r} 17 \\ -\ 8 \\ \hline 8 \end{array}$	$\begin{array}{r} 17 \\ -\ 9 \\ \hline 7 \end{array}$	$\begin{array}{r} 15 \\ -\ 6 \\ \hline 9 \end{array}$

Adding More Numbers

7
6
+ 3
16

You can add numbers in any order.
Look for tens to make the adding easier.

7 + 3 = 10

Then 10 + 6 = 16.
It's easy!

Find the **sum**.

1.	2.	3.	4.
4	2	5	9
3	7	6	4
+ 6	+ 8	+ 5	+ 1

5.	6.	7.	8.
3	6	2	7
8	8	3	1
+ 0	+ 4	+ 9	+ 7

9.	10.	11.	12.
6	7	3	4
2	2	4	4
5	0	5	4
+ 4	+ 3	+ 6	+ 4

13. 6 + 7 + 4 = ____

14. 7 + 2 + 3 = ____

15. 8 + 5 + 2 = ____

16. 9 + 0 + 9 = ____

17. 6 + 7 + 2 + 3 = ____

18. 4 + 5 + 6 + 5 = ____

Adding and Subtracting

Find each **sum** or **difference**.

- $6 - 0 =$ ____
- $7 + 8 =$ ____
- $3 + 9 =$ ____
- $9 - 4 =$ ____
- $7 - 7 =$ ____
- $4 + 7 =$ ____
- $5 + 7 + 5 =$ ____
- $11 - 5 =$ ____
- $17 - 8 =$ ____
- $13 - 5 =$ ____
- $8 + 8 =$ ____
- $6 + 6 =$ ____
- $6 - 6 =$ ____
- $15 - 8 =$ ____
- $12 - 7 =$ ____
- $9 + 3 =$ ____
- $18 - 9 =$ ____
- $8 + 0 + 2 + 6 =$ ____
- $6 + 6 =$ ____
- $4 + 7 =$ ____
- $16 - 7 =$ ____
- $9 - 9 =$ ____
- $4 + 5 + 6 =$ ____
- $14 - 6 =$ ____
- $13 - 6 =$ ____
- $13 - 4 =$ ____
- $8 + 7 + 3 =$ ____

Tens and Ones

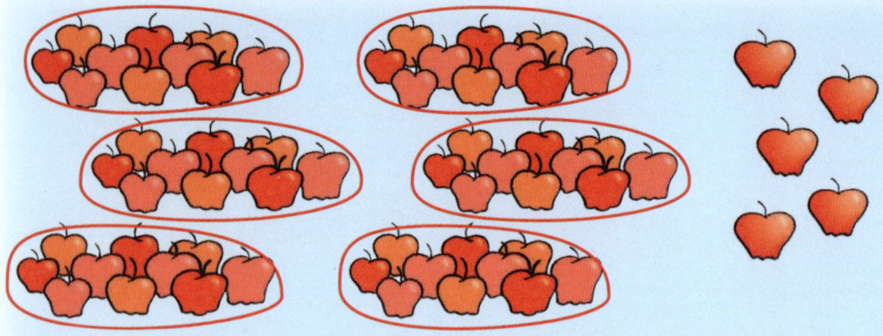

tens ones number

6 tens 5 ones = 6 5 = 65

Circle the groups of ten. Write the number of tens and ones. Then write the number.

tens ones number

1.  _____ tens _____ones = _____ _____ = _____

tens ones number

2.  _____ tens _____ones = _____ _____ = _____

tens ones number

3.  _____ tens _____ones = _____ _____ = _____

tens ones number

4.  _____ tens _____ones = _____ _____ = _____

tens ones number

5. 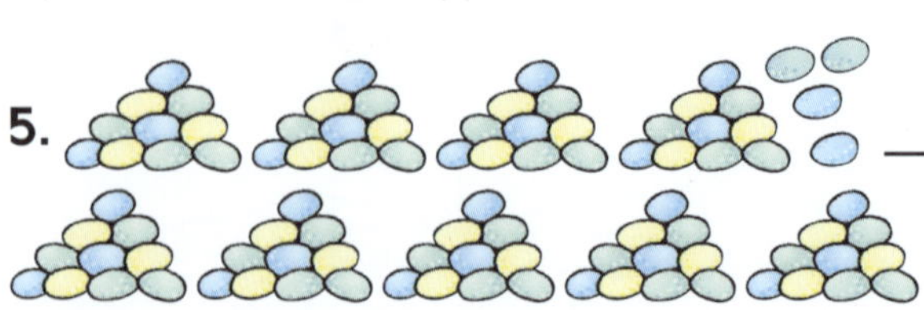 _____ tens _____ones = _____ _____ = _____

More about Tens and Ones

Circle the objects in groups of ten. Write the number of **tens** and **ones**. Then write how many there are in all.

1. 

_____ tens _____ones

How many? _____

2. 

_____ tens _____ones

How many? _____

3. 

_____ ten _____ones

How many? _____

4. 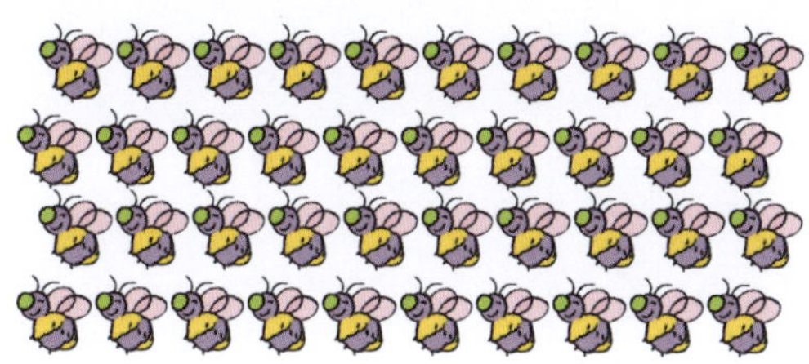

_____ tens _____ones

How many? _____

5. 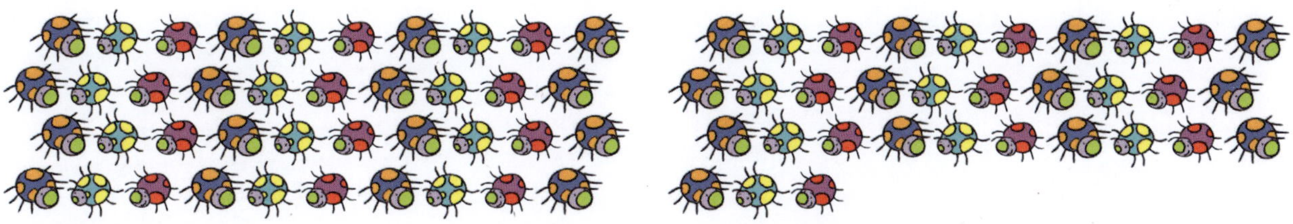

_____ tens _____ones

How many? _____

Counting to 100

Complete the chart. Count to 100.

1	2	3		5			8		10
11		13			16			19	
21						27			30
	32		34				38		
		43			46				50
51				55				59	
			64			67			70
	72				76		78		
81		83						89	
			94				98		100

Count by tens.
Circle the tens.
tens 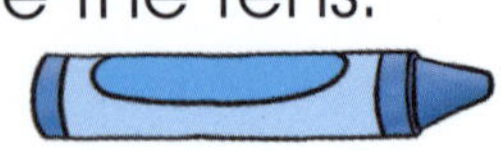

Count by fives
Circle the fives.
fives 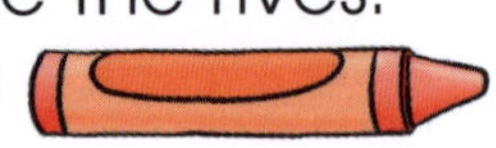

Counting by Twos, Fives and Tens

Connect the dots.

Start at the ▲ and count by 2s to 50.

Start at the ● and count by 5s to 100.

Start at the ■ and count by 10s to 100.

Before, Between and After

Which number comes **before**?

1. ____ 34 35
2. ____ 40 41
3. ____ 94 95
4. ____ 71 72
5. ____ 28 29
6. ____ 52 53

Which number belongs **between**?

7. 27 ____ 29
8. 61 ____ 63
9. 76 ____ 78
10. 40 ____ 42
11. 47 ____ 49
12. 69 ____ 71

Which number comes **after**?

13. 45 46 ____
14. 81 82 ____
15. 28 29 ____
16. 66 67 ____
17. 98 99 ____
18. 37 38 ____

Greater or Less

Look at the tens digits in both numbers first and compare.
If the tens digits are the same, look at the ones digits.

Circle the number that is **greater**.

1. 65 68
2. 74 84
3. 39 93
4. 70 17
5. 25 62
6. 88 78
7. 40 39
8. 90 9
9. 55 62

Circle the number that is **less**.

10. 77 79
11. 18 80
12. 20 32
13. 65 71
14. 43 48
15. 70 63
16. 91 99
17. 77 69
18. 82 28

Which Numbers Are Missing?

Write the missing numbers.

1. 21 22 ____ 24 ____ 26 ____ 28 ____ 30

2. 61 ____ 63 ____ ____ 66 ____ ____ 69 ____

3. ____ 82 ____ 84 ____ 86 ____ 88 ____ 90

4. 35 36 ____ 38 ____ 40 ____ ____ 43 ____

5. 56 ____ 58 59 ____ 61 ____ ____ 64 ____

6. 87 ____ 89 ____ ____ 92 ____ ____ 95 ____

7. 44 43 ____ 41 ____ 39 ____ ____ 36 ____

8. ____ 73 ____ 71 ____ ____ 68 ____ ____ 65

Writing Numbers in Order

Write the numbers in **order** from **least** to **greatest**.

1. 12 10 15

   ____ ____ ____

2. 45 49 36

   ____ ____ ____

3. 81 19 25

   ____ ____ ____

4. 36 24 18

   ____ ____ ____

5. 29 57 41

   ____ ____ ____

6. 30 72 55

   ____ ____ ____

7. 66 26 56

   ____ ____ ____

8. 87 78 72

   ____ ____ ____

Adding on Ones

Solve the problems to fill in the puzzle.

	1. 1	2. 9		3.	4.	
5.		6.	7.		8.	9.
10.	11.		12.	13.		
	14.	15.		16.	17.	
18.		19.	20.		21.	22.
23.	24.		25.	26.		

Across

1. $\begin{array}{r} 18 \\ +\ 1 \\ \hline 19 \end{array}$
3. $\begin{array}{r} 44 \\ +\ 2 \\ \hline \end{array}$
6. $\begin{array}{r} 38 \\ +\ 0 \\ \hline \end{array}$
8. $\begin{array}{r} 53 \\ +\ 4 \\ \hline \end{array}$
10. $\begin{array}{r} 31 \\ +\ 8 \\ \hline \end{array}$
12. $\begin{array}{r} 77 \\ +\ 2 \\ \hline \end{array}$
14. $\begin{array}{r} 45 \\ +\ 4 \\ \hline \end{array}$
16. $\begin{array}{r} 25 \\ +\ 3 \\ \hline \end{array}$
19. $\begin{array}{r} 20 \\ +\ 9 \\ \hline \end{array}$
21. $\begin{array}{r} 33 \\ +\ 3 \\ \hline \end{array}$
23. $\begin{array}{r} 85 \\ +\ 3 \\ \hline \end{array}$
25. $\begin{array}{r} 47 \\ +\ 2 \\ \hline \end{array}$

Down

2. $\begin{array}{r} 93 \\ +\ 0 \\ \hline \end{array}$
4. $\begin{array}{r} 63 \\ +\ 2 \\ \hline \end{array}$
5. $\begin{array}{r} 41 \\ +\ 2 \\ \hline \end{array}$
7. $\begin{array}{r} 84 \\ +\ 3 \\ \hline \end{array}$
9. $\begin{array}{r} 75 \\ +\ 4 \\ \hline \end{array}$
11. $\begin{array}{r} 92 \\ +\ 2 \\ \hline \end{array}$
13. $\begin{array}{r} 90 \\ +\ 2 \\ \hline \end{array}$
15. $\begin{array}{r} 91 \\ +\ 1 \\ \hline \end{array}$
17. $\begin{array}{r} 82 \\ +\ 1 \\ \hline \end{array}$
18. $\begin{array}{r} 55 \\ +\ 3 \\ \hline \end{array}$
20. $\begin{array}{r} 90 \\ +\ 4 \\ \hline \end{array}$
24. $\begin{array}{r} 86 \\ +\ 3 \\ \hline \end{array}$
26. $\begin{array}{r} 95 \\ +\ 3 \\ \hline \end{array}$

Adding Two-Digit Numbers

Add the **ones** first.
Then add the **tens**.

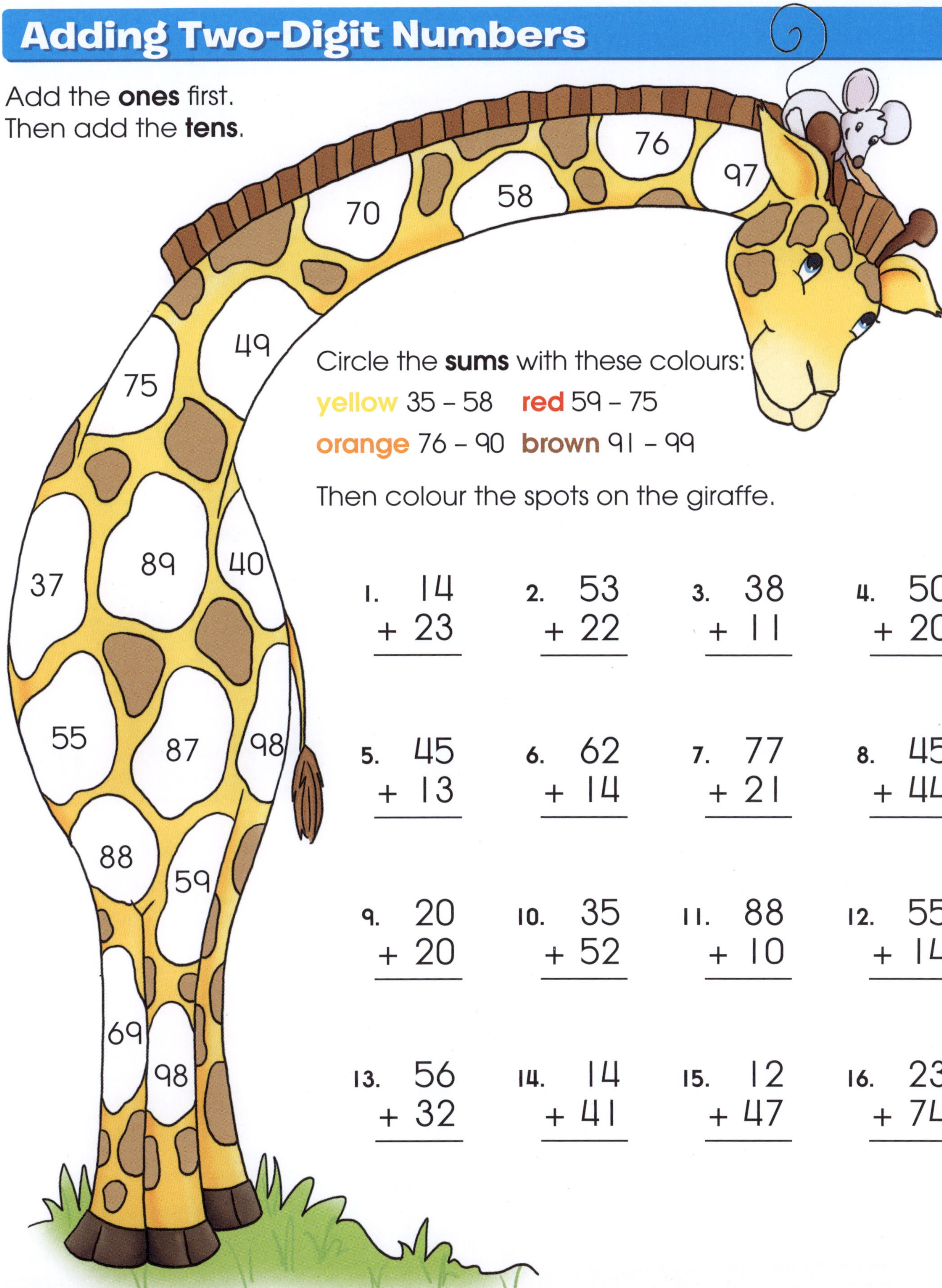

Circle the **sums** with these colours:

yellow 35 – 58 red 59 – 75

orange 76 – 90 brown 91 – 99

Then colour the spots on the giraffe.

1.	2.	3.	4.
14 + 23	53 + 22	38 + 11	50 + 20

5.	6.	7.	8.
45 + 13	62 + 14	77 + 21	45 + 44

9.	10.	11.	12.
20 + 20	35 + 52	88 + 10	55 + 14

13.	14.	15.	16.
56 + 32	14 + 41	12 + 47	23 + 74

*Clue: There should be 5 **yellow** spots, 4 **red** spots, 4 **orange** spots and 3 **brown** spots.*

Regrouping for More Tens

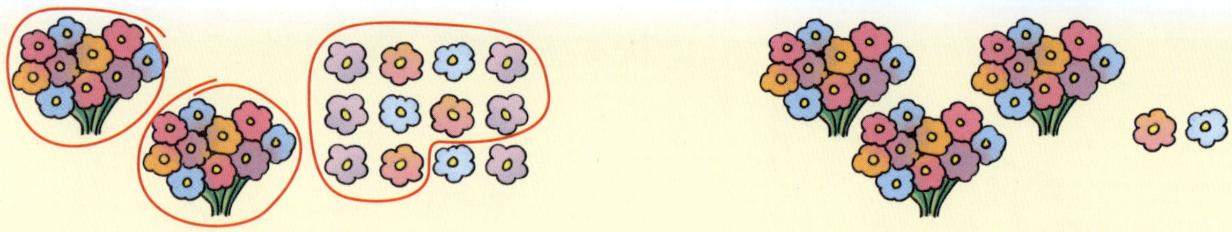

2 tens 12 ones → 3 tens 2 ones

1 ten 2 ones

Trade 10 ones for 1 ten.

Regroup to have more tens.

1.

_____ tens _____ones

_____ tens _____ **tens** _____**ones** → _____ tens _____ones = _____

2. 5 tens 15 ones

_____ tens _____ones = _____

3. 7 tens 11 ones

_____ tens _____one = _____

4. 3 tens 19 ones

_____ tens _____ones = _____

5. 26 ones

_____ tens _____ones = _____

6. 7 tens 10 ones

_____ tens _____ones = _____

7. 3 tens 29 ones

_____ tens _____ones = _____

Adding with Regrouping

Add the ones.

$$\begin{array}{r} 3\,\mathbf{6} \\ +\ 2\,\mathbf{6} \\ \hline \mathbf{1}\,\mathbf{2} \end{array}$$

12 ones = **1** ten and **2** ones

Regroup

$$\begin{array}{r} 1 \\ 3\,6 \\ +\ 2\,6 \\ \hline \mathbf{2} \end{array}$$

Move the **1** ten to the tens place on top.

Add the tens.

$$\begin{array}{r} 1 \\ \mathbf{3}\,6 \\ +\ \mathbf{2}\,6 \\ \hline \mathbf{6}\,\mathbf{2} \end{array}$$

Find the **sum**. Regroup if needed.

1. 29 + 23 = ____
2. 17 + 18 = ____
3. 58 + 24 = ____
4. 32 + 28 = ____
5. 17 + 43 = ____
6. 57 + 29 = ____
7. 44 + 17 = ____
8. 54 + 39 = ____
9. 24 + 26 = ____
10. 15 + 56 = ____
11. 78 + 13 = ____
12. 77 + 15 = ____

Finding Sums

Solve the problems to fill in the puzzle.

Across

1. $47 + 17$
3. $39 + 39$
5. $48 + 49$
6. $66 + 18$
7. $45 + 14$
9. $56 + 17$
11. $23 + 18$
12. $19 + 19$

Down

1. $41 + 28$
2. $29 + 18$
3. $59 + 19$
4. $39 + 45$
7. $21 + 33$
8. $60 + 31$
9. $28 + 45$
10. $19 + 19$

Subtracting Ones from Numbers

Subtract the **ones**.

	tens	ones
	4	**9**
−		**5**
		4

Subtract the **tens**.

	tens	ones
	4	9
−		5
	4	4

Find the **difference**.

1. 37 − 5 = ____
2. 54 − 3 = ____
3. 62 − 1 = ____
4. 55 − 5 = ____
5. 46 − 3 = ____
6. 28 − 2 = ____
7. 97 − 4 = ____
8. 79 − 6 = ____
9. 88 − 4 = ____
10. 29 − 7 = ____
11. 69 − 2 = ____
12. 58 − 5 = ____

Subtracting Two-Digit Numbers

Subtract the **ones**.

```
  7 5
- 3 4
-----
    1
```

Subtract the **tens**.

```
  7 5
- 3 4
-----
  4 1
```

Check:

```
  4 1
+ 3 4
-----
  7 5
```

Find the **difference**. **Check** your answer.

1.
```
  54
- 21
----
  33
```
Check:
```
  33
+ 21
----
  54
```

2.
```
  75
- 52
----
```
Check:
```
+
----
```

3.
```
  86
- 36
----
```
Check:
```
+
----
```

4.
```
  39
- 33
----
```
Check:
```
+
----
```

5.
```
  93
- 42
----
```
Check:
```
+
----
```

6.
```
  81
- 60
----
```
Check:
```
+
----
```

Subtracting in Your Head

Subtract to finish the number wheels. Use mental maths.

Regrouping for More Ones

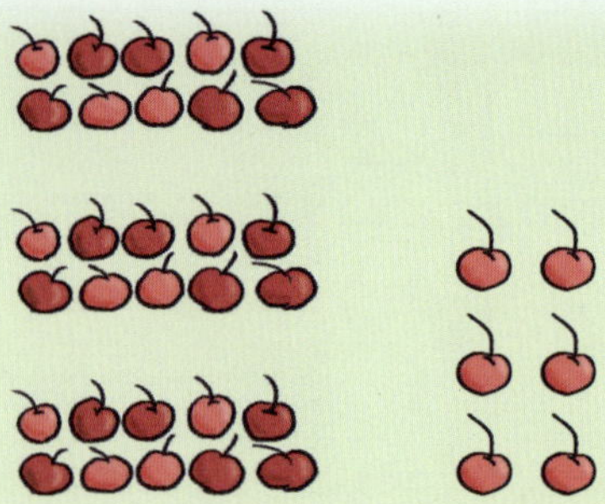

36 = __3__ tens __6__ ones → __2__ tens and __1__ ten __6__ ones

__2__ tens __16__ ones

Regroup to have more ones.
Trade 1 ten for 10 ones.

1.

_____ = _____ tens _____ ones → __4__ tens _____ ones

2. 46 = 4 tens 6 ones

__3__ tens _____ ones

3. 81 = _____ tens 1 one

_____ tens __11__ ones

4. 39 = 3 tens _____ ones

_____ tens _____ ones

5. 92 = _____ tens _____ ones

__8__ tens _____ ones

6. 13 = _____ ten _____ ones

_____ tens __13__ ones

7. 60 = _____ tens

_____ tens _____ ones

Subtracting with Regrouping

Subtract the **ones**.

```
  5 2
- 2 8
-----
```

You cannot take 8 away from 2. So, regroup the 5 tens to have more ones.

Regroup.

```
  4 12
  5̸ 2̸
- 2  8
------
```

52 = 5 tens 2 ones
= 4 tens 12 ones

Subtract the **ones**.

```
  4 12
  5̸ 2̸
- 2  8
------
     4
```

12 - 8 = 4

Subtract the **tens**.

```
  4 12
  5̸ 2̸
- 2  8
------
  2  4
```

4 - 2 = 2

Find the **difference**. Regroup if needed.

1.	2.	3.	4.
62 − 38	80 − 24	73 − 27	56 − 45

5.	6.	7.	8.
50 − 25	93 − 65	78 − 38	88 − 49

9.	10.	11.	12.
46 − 17	85 − 21	77 − 49	84 − 66

Check your answers by adding.

Finding Differences

Solve the problems to fill in the puzzle.

Across

1. $52 - 28 =$ ____
3. $74 - 19 =$ ____
4. $80 - 33 =$ ____
6. $62 - 46 =$ ____
7. $70 - 35 =$ ____
9. $41 - 18 =$ ____
10. $91 - 28 =$ ____
12. $63 - 24 =$ ____

1.	2.		
3.			
		4.	5.
		6.	
7.	8.		
9.			
		10.	11.
		12.	

Down

1. $50 - 25 =$ ____
2. $73 - 28 =$ ____
4. $70 - 29 =$ ____
5. $92 - 16 =$ ____
7. $71 - 39 =$ ____
8. $92 - 39 =$ ____
10. $81 - 18 =$ ____
11. $50 - 11 =$ ____

Do You Add or Subtract?

Solve this riddle:

Which land animal weighs the most?

Add and subtract to find the answer.

F	N	N	C
54 + 18	74 − 7	86 − 9	75 + 6

P	E	A	H
35 + 29	48 + 7	28 − 9	82 − 4

T	E	H	R
39 + 49	39 + 16	85 − 7	47 + 6

A	A	L	I
55 − 36	34 − 15	59 + 7	29 + 68

The ___ ___ ___ ___ ___ ___ ___

19 72 53 97 81 19 67

___ ___ ___ ___ ___ ___ ___ ___

55 66 55 64 78 19 77 88

Hundreds

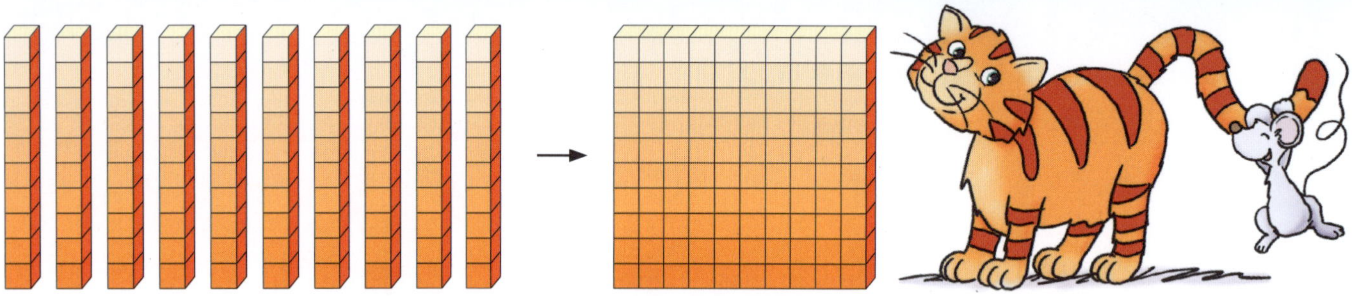

10 tens = 1 hundred = 100

Write how many hundreds there are. Then write the number.

1.

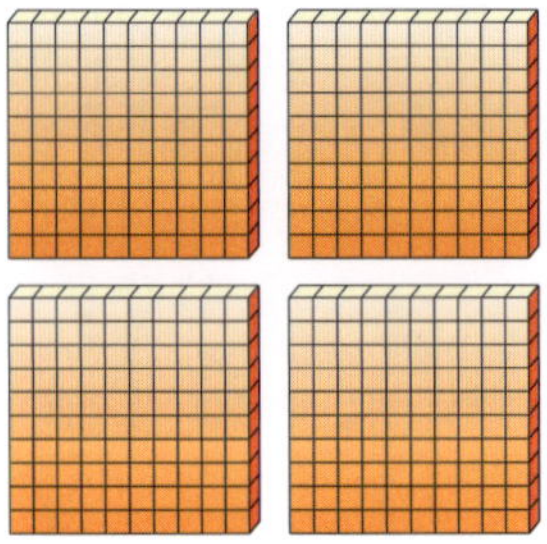

number

______ hundreds = ______

2.

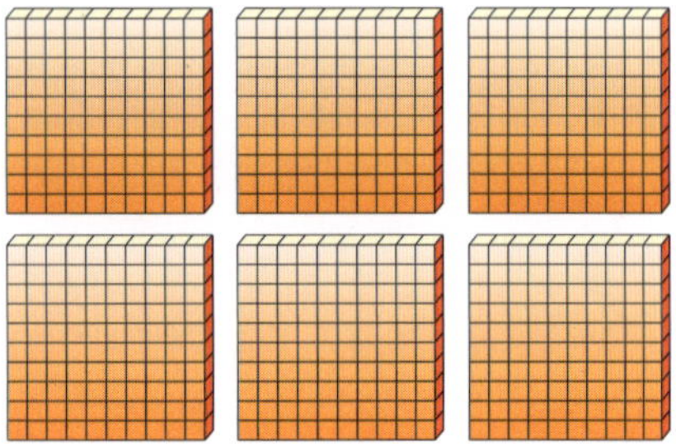

number

______ hundreds = ______

3.

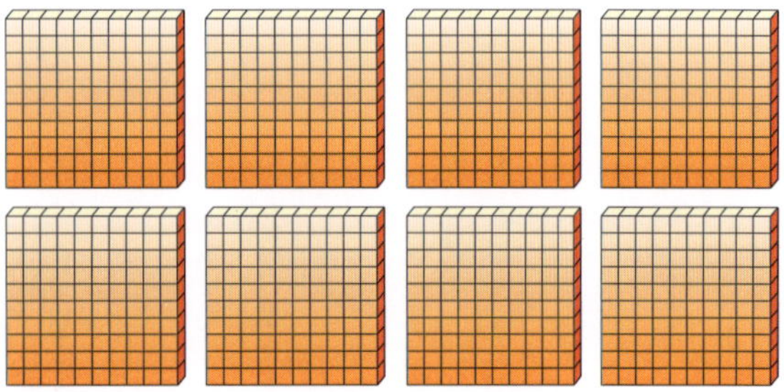

number

______ hundreds = ______

4.

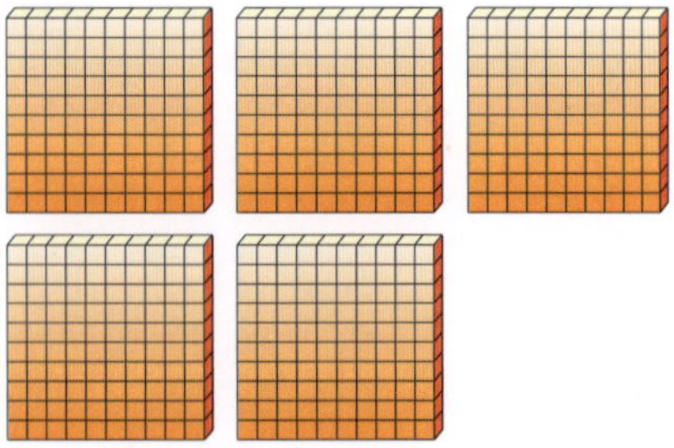

number

______ hundreds = ______

Counting by Hundreds

Write the number.

Connect the dots.
Count by 100s to 900.

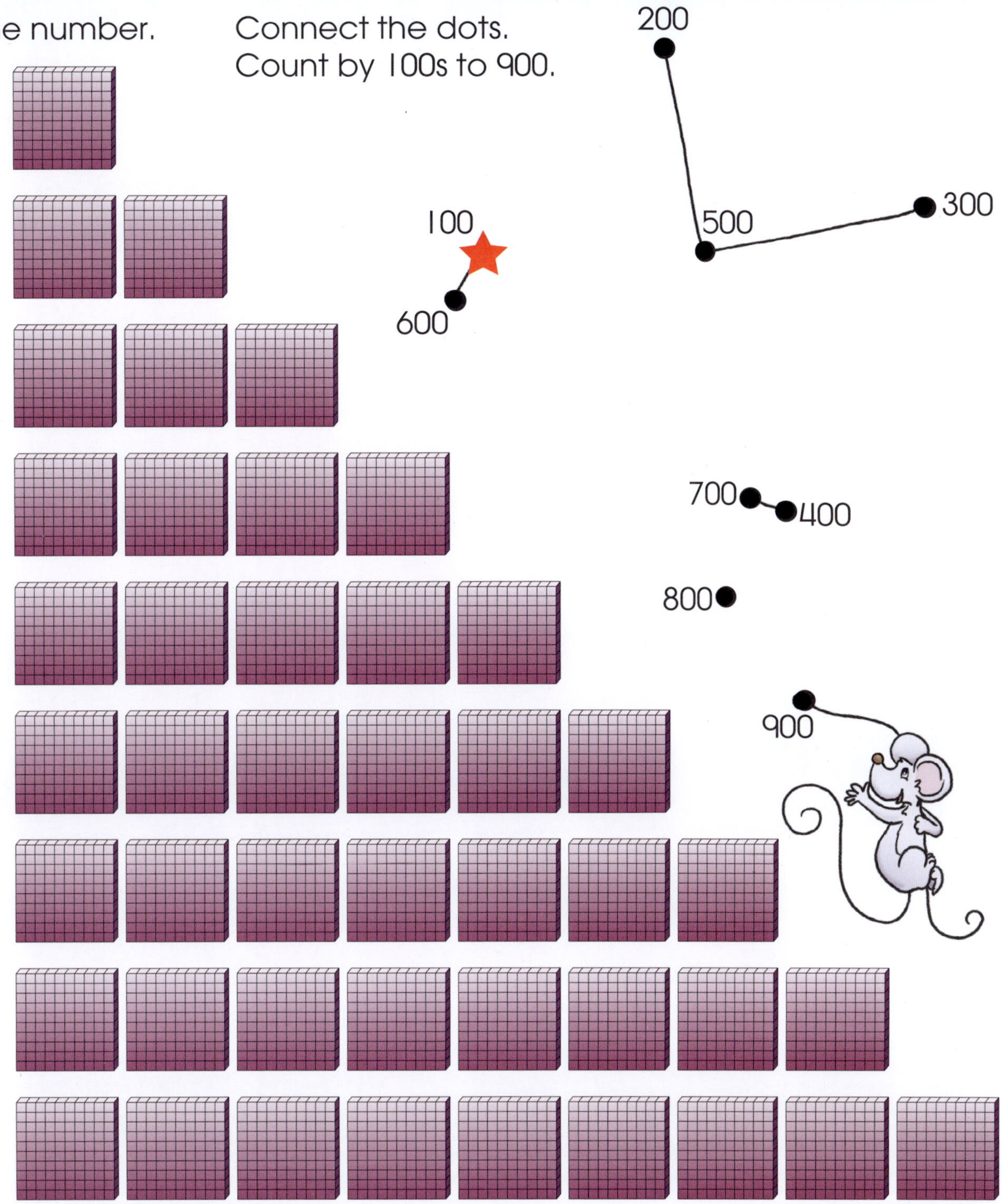

100

200

_____

_____

_____

_____

_____

_____

_____

Write the missing numbers.

100 200 _____ 400 _____ 600 _____ 800 _____

100 _____ 300 _____ _____ 600 _____ _____ 900

Hundreds, Tens and Ones

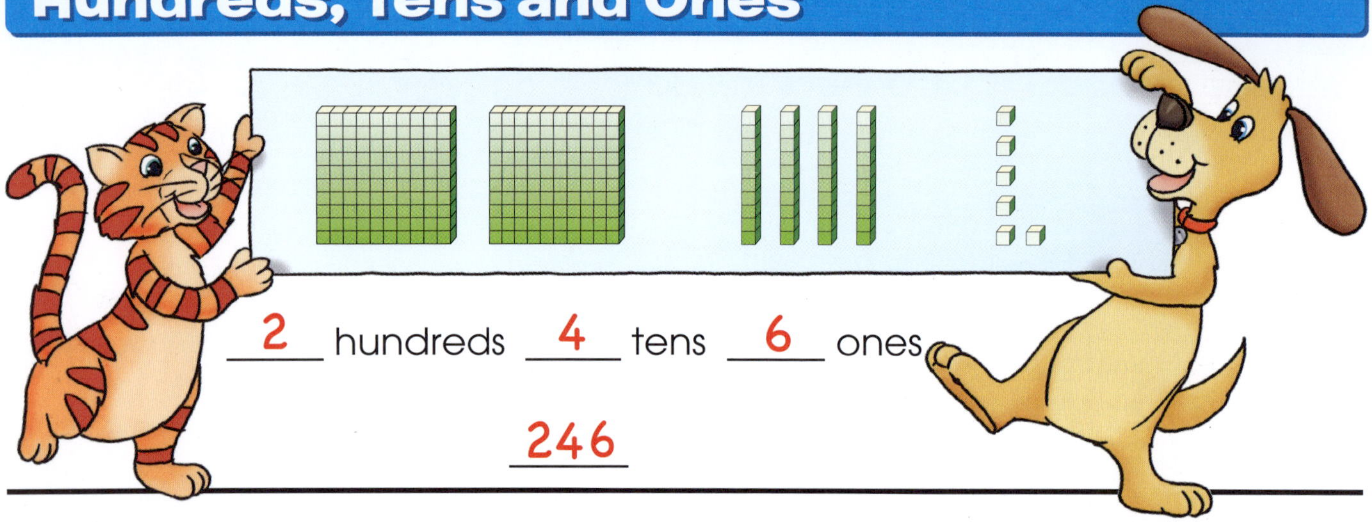

2 hundreds 4 tens 6 ones

246

Write how many hundreds, tens and ones there are.
Then write the number.

1.

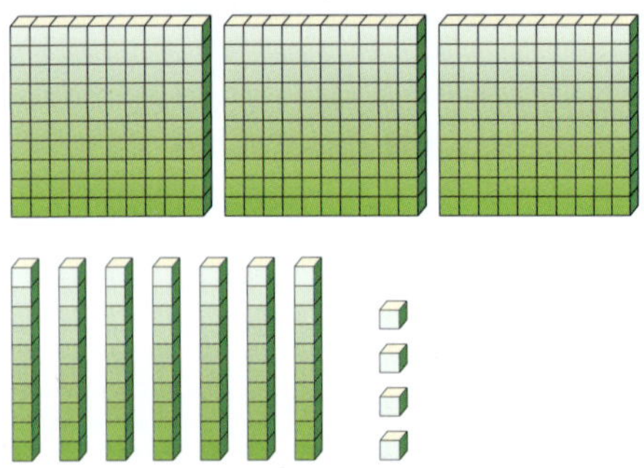

_____ hundreds _____ tens _____ ones

____

2.

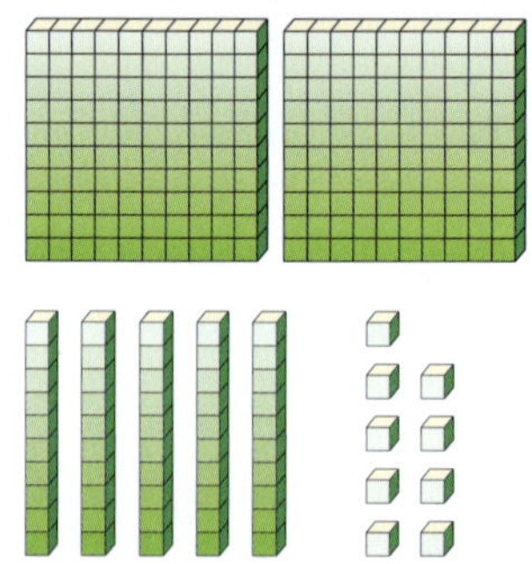

_____ hundreds _____ tens _____ ones

____

3.

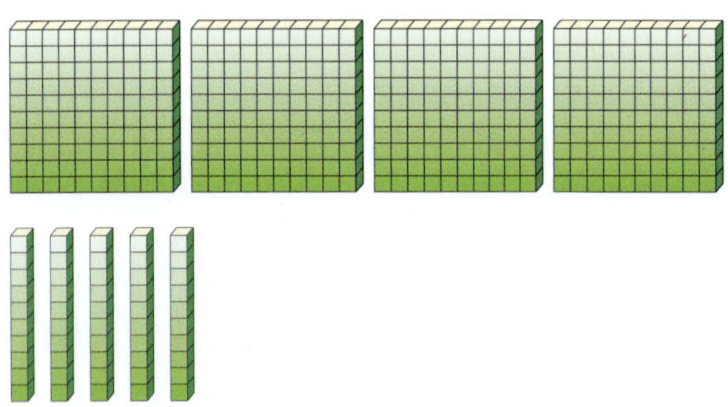

_____ hundreds _____ tens _____ ones

____

4.

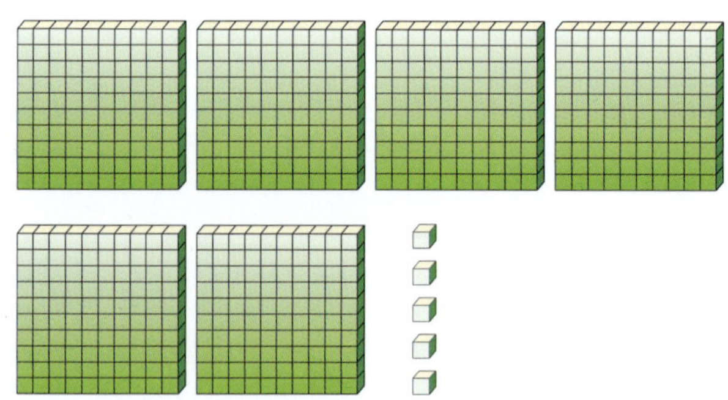

_____ hundreds _____ tens _____ ones

____

Counting by Hundreds, Tens and Ones

Connect the dots.
Start at the ▲ and count by 100s to 900.
Start at the ● and count by 10s to 290.
Start at the ■ and count by 1s from 451 to 470.

Finding the Hundreds

hundreds tens ones

296 = 2 9 6

Read the question.
Circle the correct answer.

1.	Which number shows 4 hundreds?	324	422	243
2.	Which number shows 2 hundreds?	280	120	342
3.	Which number shows 8 hundreds?	618	580	800
4.	Which number shows 5 hundreds?	125	251	512
5.	Which number shows 1 hundred?	180	801	810
6.	Which number shows 9 hundreds?	490	966	489
7.	Which number shows 3 hundreds?	324	833	133
8.	Which number shows 6 hundreds?	465	678	396
9.	Which number shows 7 hundreds?	700	570	897
10.	Which number shows 5 hundreds?	205	355	555
11.	Which number shows 0 hundreds?	180	510	90
12.	Which number shows 9 hundreds?	192	944	899

13. Challenge: Make as many numbers as you can from these digits: 2, 5 and 8. Use one, two or all three digits to make a number.

Finding the Hundreds, Tens and Ones

Read the problem.
Circle the correct digit in the number.

1. Circle the hundreds. 3 2 4
2. Circle the ones. 2 8 9
3. Circle the hundreds. 3 3 3
4. Circle the tens. 8 2 5
5. Circle the tens. 4 0 0
6. Circle the hundreds. 8 9 9
7. Circle the hundreds. 2 1 5
8. Circle the tens. 4 5 8
9. Circle the ones. 5 7 0
10. Circle the ones. 8 6 7
11. Circle the hundreds. 6 4 8
12. Circle the tens. 4 4 4

13. Circle Hanna's house number. It has **7** hundreds and **9** tens.

7 8 5　　9 7 6　　7 6 5　　9 9 7　　7 9 6

Before, Between and After

Which number comes **before**?

1. ____ 345 346
2. ____ 801 802
3. ____ 614 615
4. ____ 111 112
5. ____ 729 730
6. ____ 500 501

Which number belongs **between**?

7. 163 ____ 165
8. 411 ____ 413
9. 316 ____ 318
10. 240 ____ 242
11. 179 ____ 181
12. 299 ____ 301

Which number comes **after**?

13. 133 134 ____
14. 715 716 ____
15. 204 205 ____
16. 649 650 ____
17. 388 389 ____
18. 598 599 ____

Greater or Less

Look at the hundreds digits in both numbers first and compare.
If the hundreds digits are the same, look at the tens digits.
If the hundreds and tens digits are the same, look at the ones digits.

Compare the hundreds.		Compare the tens.		Compare the ones.	
437	399	347	352	437	439
↑	↑	↑	↑	↑	↑
greater	**less**	**less**	**greater**	**less**	**greater**
437 has more hundreds.			352 has more tens.		439 has more ones.

Circle the number that is **greater**.

1. 365 368	2. 574 584	3. 309 903
4. 700 170	5. 252 262	6. 878 788
7. 640 639	8. 901 910	9. 565 562

Circle the number that is **less**.

10. 770 790	11. 418 480	12. 620 532
13. 765 791	14. 943 948	15. 730 639
16. 391 399	17. 707 609	18. 828 728

Finding Greater Sums

Find the **sum**. Regroup if needed.

1. 65 + 52
2. 53 + 56
3. 47 + 85
4. 93 + 28
5. 95 + 12
6. 82 + 28
7. 63 + 37
8. 75 + 75
9. 90 + 46
10. 88 + 88
11. 91 + 19
12. 73 + 18
13. 49 + 49
14. 76 + 45
15. 57 + 75
16. 91 + 29

Adding More Numbers

$$\begin{array}{r} 1\\ 53\\ 84\\ +\quad 9\\ \hline 146 \end{array}$$

To check your answer, add the numbers in the opposite order.

$$\begin{array}{r} 1\\ 9\\ 84\\ +\ 53\\ \hline 146 \end{array}$$

Find the **sum**. Regroup if needed.

1. $\begin{array}{r} 32\\ 21\\ +\ 15\\ \hline \end{array}$

2. $\begin{array}{r} 63\\ 12\\ +\ 44\\ \hline \end{array}$

3. $\begin{array}{r} 73\\ 6\\ +\ 25\\ \hline \end{array}$

4. $\begin{array}{r} 97\\ 98\\ +\ 99\\ \hline \end{array}$

5. $\begin{array}{r} 12\\ 14\\ 15\\ +\ 18\\ \hline \end{array}$

6. $\begin{array}{r} 45\\ 21\\ 30\\ +\ 24\\ \hline \end{array}$

7. $\begin{array}{r} 64\\ 8\\ 37\\ +\ 40\\ \hline \end{array}$

8. $\begin{array}{r} 56\\ 55\\ 4\\ +\quad 8\\ \hline \end{array}$

9. 43 + 6 + 50 = _____

10. 78 + 31 + 88 = _____

11. 65 + 35 + 68 = _____

12. 37 + 8 + 39 = _____

13. 25 + 12 + 31 + 20 = _____

14. 40 + 50 + 60 + 70 = _____

15. 76 + 43 + 5 + 22 = _____

16. 25 + 35 + 45 + 55 = _____

17. This one is a challenge!
12 + 23 + 34 + 45 + 56 + 67 + 78 + 89 = _____

Adding with Hundreds

Add the ones. Regroup if needed.	Add the tens. Regroup if needed.	Add the hundreds.
1	1	1
309	309	309
+ 473	+ 473	+ 473
2	82	782

Find the **sum**. Regroup if needed.

1. 462 + 321	2. 706 + 132	3. 450 + 209	4. 456 + 123
5. 366 + 128	6. 572 + 309	7. 278 + 329	8. 293 + 275
9. 435 + 48	10. 845 + 17	11. 670 + 45	12. 777 + 9

These are a challenge!

13. 352 + 169	14. 255 + 355	15. 675 + 125	16. 456 + 345

Adding Three-Digit Numbers

Find the **sum**. Regroup if needed.

1. $\begin{array}{r} 188 \\ +\ 10 \\ \hline \end{array}$

2. $\begin{array}{r} 244 \\ +\ 23 \\ \hline \end{array}$

3. $\begin{array}{r} 852 \\ +\ 32 \\ \hline \end{array}$

4. $\begin{array}{r} 205 \\ +\ 41 \\ \hline \end{array}$

5. $\begin{array}{r} 428 \\ +\ 23 \\ \hline \end{array}$

6. $\begin{array}{r} 107 \\ +\ 10 \\ \hline \end{array}$

7. $\begin{array}{r} 314 \\ +\ 48 \\ \hline \end{array}$

8. $\begin{array}{r} 239 \\ +\ 25 \\ \hline \end{array}$

9. $\begin{array}{r} 132 \\ +\ 400 \\ \hline \end{array}$

10. $\begin{array}{r} 37 \\ +\ 135 \\ \hline \end{array}$

11. $\begin{array}{r} 650 \\ +\ 125 \\ \hline \end{array}$

12. $\begin{array}{r} 175 \\ +\ 200 \\ \hline \end{array}$

13. $\begin{array}{r} 125 \\ +\ 470 \\ \hline \end{array}$

14. $\begin{array}{r} 447 \\ +\ 38 \\ \hline \end{array}$

15. $\begin{array}{r} 436 \\ +\ 45 \\ \hline \end{array}$

16. $\begin{array}{r} 546 \\ +\ 137 \\ \hline \end{array}$

Subtracting with Hundreds

Subtract the **ones**. Regroup if needed.	Subtract the **tens**. Regroup if needed.	Subtract the **hundreds**.	Check:
$\begin{array}{r} {\scriptstyle 6\,13} \\ 5\,\not{7}\,\not{3} \\ -\,2\,0\,6 \\ \hline 7 \end{array}$	$\begin{array}{r} {\scriptstyle 6\,13} \\ 5\,\not{7}\,\not{3} \\ -\,2\,0\,6 \\ \hline 6\,7 \end{array}$	$\begin{array}{r} {\scriptstyle 6\,13} \\ 5\,\not{7}\,\not{3} \\ -\,2\,0\,6 \\ \hline 3\,6\,7 \end{array}$	$\begin{array}{r} {\scriptstyle 1} \\ 3\,6\,7 \\ +\,2\,0\,6 \\ \hline 5\,7\,3 \end{array}$

Find the **difference**. Regroup if needed.
Check your answer.

1. $\begin{array}{r} 863 \\ -\,240 \\ \hline \end{array}$ Check: $\begin{array}{r} \\ +\quad\; \\ \hline \end{array}$

2. $\begin{array}{r} 478 \\ -\,435 \\ \hline \end{array}$ Check: $\begin{array}{r} \\ +\quad\; \\ \hline \end{array}$

3. $\begin{array}{r} 573 \\ -\;\;47 \\ \hline \end{array}$ Check: $\begin{array}{r} \\ +\quad\; \\ \hline \end{array}$

4. $\begin{array}{r} 350 \\ -\;\;38 \\ \hline \end{array}$ Check: $\begin{array}{r} \\ +\quad\; \\ \hline \end{array}$

5. $\begin{array}{r} 851 \\ -\,316 \\ \hline \end{array}$ Check: $\begin{array}{r} \\ +\quad\; \\ \hline \end{array}$

6. $\begin{array}{r} 617 \\ -\,395 \\ \hline \end{array}$ Check: $\begin{array}{r} \\ +\quad\; \\ \hline \end{array}$

Subtracting Three-Digit Numbers

$$\begin{array}{r} \overset{6}{4}\,\overset{1}{\not 7}\,\overset{7}{\not 7} \\ -\,2\,4\,8 \\ \hline 2\,2\,9 \end{array}$$

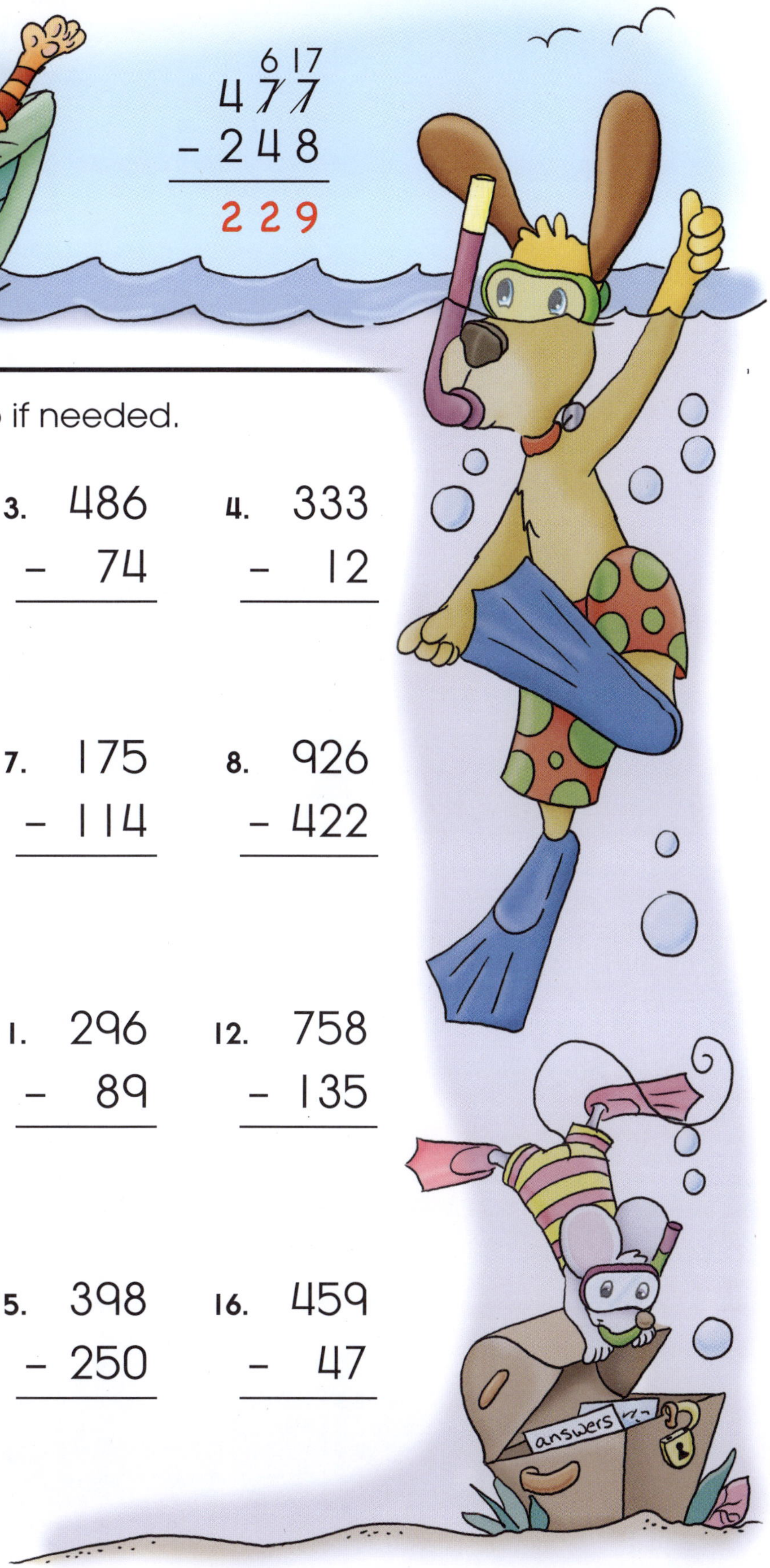

Find the **difference**. Regroup if needed.

1. $146 - 22$
2. $813 - 12$
3. $486 - 74$
4. $333 - 12$
5. $750 - 400$
6. $681 - 351$
7. $175 - 114$
8. $926 - 422$
9. $487 - 29$
10. $593 - 162$
11. $296 - 89$
12. $758 - 135$
13. $832 - 109$
14. $485 - 368$
15. $398 - 250$
16. $459 - 47$

Introduction to Multiplication

Multiplication is a short way to add groups of equal size.

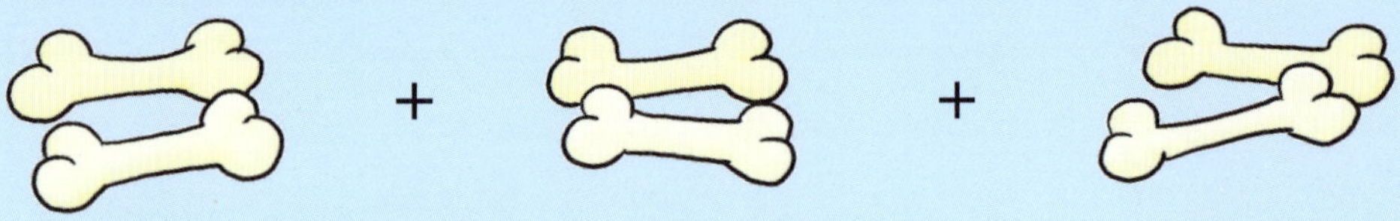

You can add: 2 + 2 + 2 = 6

Meaning: 3 groups of 2 = 6

You can multiply: 3 X 2 = 6

Fill in the blanks to finish the addition and multiplication sentences.

1.

_____ + _____ = _____

_____ groups of _____ = _____

_____ X _____ = _____

2.

_____ + _____ + _____ = _____

_____ groups of _____ = _____

_____ X _____ = _____

3.

_____ + _____ + _____ = _____

_____ groups of _____ = _____

_____ X _____ = _____

4.

_____ + _____ + _____ = _____

_____ groups of _____ = _____

_____ X _____ = _____

Multiplication and Addition

4 + 4 + 4 = 12

How many **4**s? 3

3 x 4 = 12

6 + 6 + 6 + 6 = 24

How many **6**s? 4

4 x 6 = 24

Fill in the blanks to finish the addition and multiplication sentences.

1. 2 + 2 + 2 + 2 = ____

   ____ x ____ = ____

2. 3 + 3 + 3 + 3 = ____

   ____ x ____ = ____

3. 5 + 5 + 5 + 5 = ____

   ____ x ____ = ____

4. 4 + 4 + 4 = ____

   ____ x ____ = ____

5. 1 + 1 + 1 + 1 + 1 = ____

   ____ x ____ = ____

6. 5 + 5 + 5 = ____

   ____ x ____ = ____

7. 3 + 3 + 3 = ____

   ____ x ____ = ____

8. 4 + 4 + 4 + 4 = ____

   ____ x ____ = ____

Multiplication and Groups

How many groups are there? 5

How many s are in each group? 2

How many s? 10

5 x 2 = 10

Fill in the blanks.

1.

How many groups are there? _____

How many s are in each group? _____

How many s? _____

_____ x _____ = _____

2.

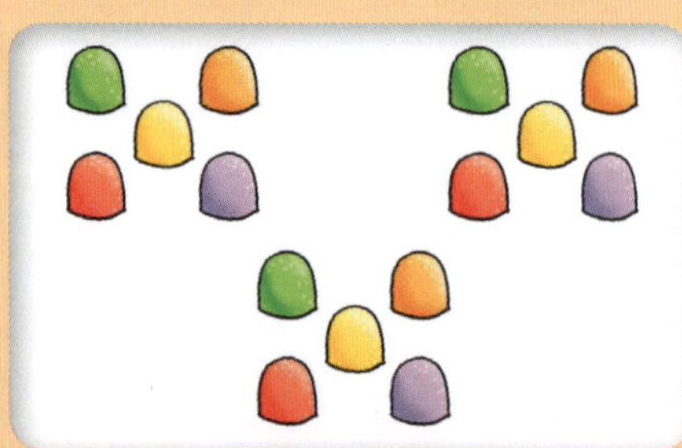

How many groups are there? _____

How many s are in each group? _____

How many s? _____

_____ x _____ = _____

Multiplication and Groups

3 groups of dogs

2 s in each group

How many s? 6

3 X 2 = 6

Fill in the blanks.

1.

_____ groups of cats

_____ s in each group

How many ? _____

_____ X _____ = _____

2.

_____ group of fish

_____  in the group

How many ? _____

_____ X _____ = _____

3.

_____ groups of mice

_____  in each group

How many ? _____

_____ X _____ = _____

4.

_____ groups of birds

_____ s in each group

How many ? _____

_____ X _____ = _____

Multiplication and Groups

Fill in the blanks.

1. 

_____ groups of tennis balls

_____ s in each group

How many ? _____

_____ X _____ = _____

2. 

_____ groups of mice

_____  in each group

How many ? _____

_____ X _____ = _____

3. 

_____ groups of lollies

_____ s in each group

How many ? _____

_____ X _____ = _____

4. 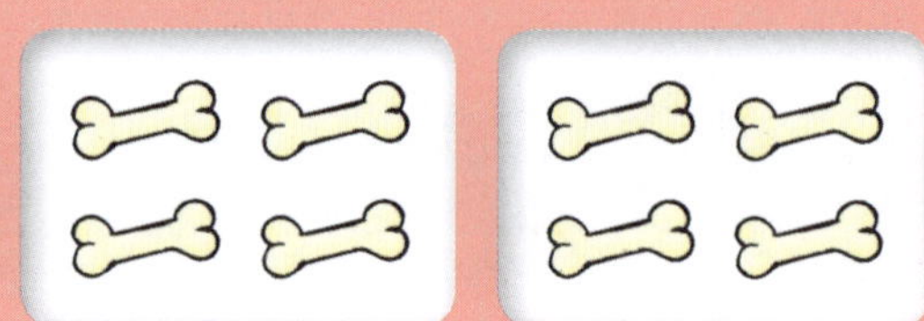

_____ groups of bones

_____ s in each group

How many ? _____

_____ X _____ = _____

5. Draw **2** groups of **3** eggs.

_____ X _____ = _____

6. Draw **3** groups of **3** snakes.

_____ X _____ = _____

Multiplying by Two

Fill in the blanks.

1.

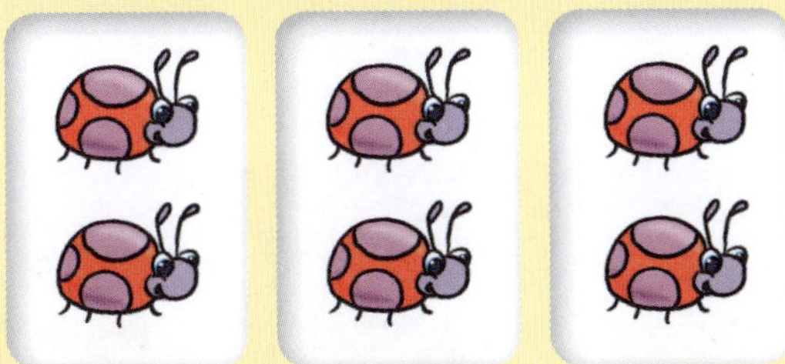

3 x 2 = ____

2.

3 x ____ = ____

3.

2 x ____ = ____

4.

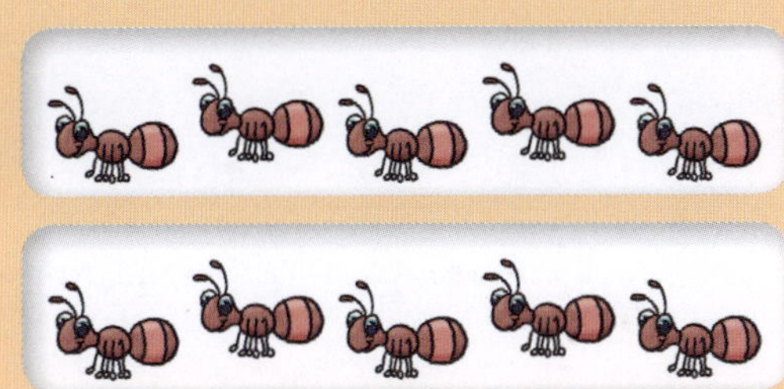

____ x ____ = ____

5. Draw **2** groups of **5** circles.

____ x ____ = ____

6. Draw **4** groups of **2** squares.

____ x ____ = ____

Multiplying by Two and Three

The answer to a multiplication problem is called the **product**.
Find the **product**.

1. 2 x 3 = ____
2. 3 x 3 = ____
3. 3 x 5 = ____
4. 2 x 2 = ____
5. 2 x 4 = ____
6. 3 x 4 = ____
7. 3 x 1 = ____
8. 2 x 5 = ____
9. 3 x 0 = ____
10. 3 x 2 = ____
11. 2 x 1 = ____
12. 2 x 0 = ____

Fill in the chart.

x	0	1	2	3	4	5
2				6		
3	0				12	

Do you see any patterns?

Multiplying by Four and Five

Find the **product**.

1. 4 x 2 = ____
2. 5 x 1 = ____
3. 5 x 3 = ____
4. 4 x 3 = ____
5. 4 x 4 = ____
6. 5 x 0 = ____
7. 4 x 1 = ____
8. 5 x 2 = ____
9. 5 x 4 = ____
10. 4 x 5 = ____
11. 4 x 0 = ____
12. 5 x 5 = ____

Fill in the chart.

x	0	1	2	3	4	5
2		2				
3						15
4	0			12		
5			10			

Do you see any patterns?

What I Learned about Numbers

Write the missing numbers.

1. 8 ____ ____ 11 ____ ____ 14 ____ 16 ____

2. 43 ____ 45 ____ 47 ____ 49 ____ ____ 52

3. 175 ____ ____ 178 ____ ____ 181 ____ ____ 184

4. 604 ____ ____ 607 ____ 609 ____ ____ 612 ____

Which number comes **before**?

5. ____ 21 22
6. ____ 57 58
7. ____ 400 401
8. ____ 99 100
9. ____ 901 902
10. ____ 555 556

Which number belongs **between**?

11. 16 ____ 18
12. 39 ____ 41
13. 99 ____ 101
14. 138 ____ 140
15. 499 ____ 501
16. 888 ____ 890

Which number comes **after**?

17. 18 19 ____ 18. 65 66 ____ 19. 47 48 ____

20. 98 99 ____ 21. 308 309 ____ 22. 798 799 ____

Circle the number that is **greater**.

23. 18 81 24. 60 16 25. 75 57

26. 183 138 27. 440 404 28. 693 637

Circle the number that is **less**.

29. 26 62 30. 70 79 31. 145 155

32. 372 327 33. 606 621 34. 565 556

35. Circle the number that shows 4 tens.

354 453 345 435 534

36. Circle the number that shows 5 hundreds.

354 453 345 453 534

What I Learned about Operations

Complete the **fact family**.

1. 4, 9, 13

___ + ___ = ___

___ + ___ = ___

___ − ___ = ___

___ − ___ = ___

2. 5, 7, 12

___ + ___ = ___

___ + ___ = ___

___ − ___ = ___

___ − ___ = ___

3. 7, 9, 16

___ + ___ = ___

___ + ___ = ___

___ − ___ = ___

___ − ___ = ___

Find the **sum**. Regroup if needed.

4. 45 + 32

5. 63 + 18

6. 59 + 7

7. 85 + 69

8. 37 + 66

9. 70 + 59

10. 345 + 213

11. 504 + 235

12. 342 + 57

13. 325 + 145

14. 670 + 46

15. 631 + 59

Find the **difference**. Regroup if needed.

16. $78 - 35$
17. $45 - 9$
18. $82 - 37$
19. $58 - 20$
20. $94 - 54$
21. $67 - 63$
22. $256 - 32$
23. $567 - 234$
24. $678 - 245$
25. $482 - 56$
26. $516 - 352$
27. $674 - 655$

Find the **sum** or **difference**. Regroup if needed.

28. $73 + 26$
29. $87 - 46$
30. $81 - 18$
31. $281 + 18$
32. $64 + 53$
33. $349 - 47$
34. $333 + 409$
35. $376 - 208$

Find the **product**.

36. $3 \times 4 =$ ____
37. $5 \times 2 =$ ____
38. $4 \times 1 =$ ____
39. $1 \times 5 =$ ____
40. $4 \times 5 =$ ____
41. $3 \times 0 =$ ____

Answer Key

Page 1

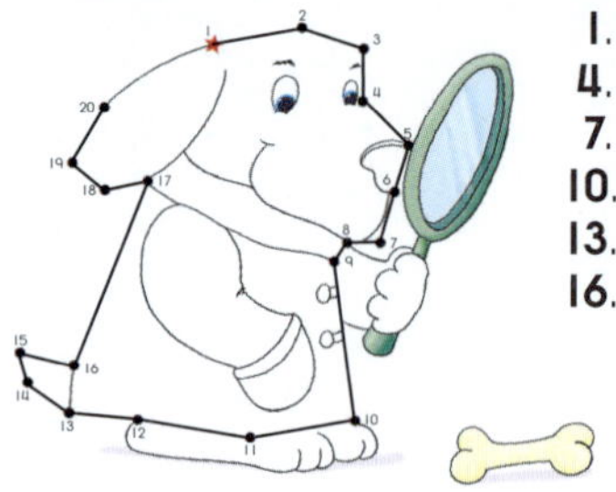

1. 2, 5, 7, 9
2. 2, 14, 16, 18, 19
3. 8, 10, 11, 13, 15
4. 9, 7, 6, 4, 2, 1

Page 2

1. 5 **2.** 9 **3.** 13
4. 10 **5.** 17 **6.** 0
7. 5 **8.** 12 **9.** 17
10. 1 **11.** 18 **12.** 14
13. 5 **14.** 17 **15.** 20
16. 8 **17.** 19 **18.** 10

Page 3

1. 8 **2.** 14 **3.** 19
4. 10 **5.** 12 **6.** 18
7. 13 **8.** 15 **9.** 20
10. 7 **11.** 8 **12.** 2
13. 11 **14.** 13 **15.** 0
16. 9 **17.** 17 **18.** 12

Page 4

1. 9 **2.** 7 **3.** 8
4. 8 **5.** 9 **6.** 10
7. 9 **8.** 10 **9.** 10
10. 10; 3 + 7 = 10

Page 5

1. 4 **2.** 6 **3.** 2
4. 5 **5.** 2 **6.** 6
7. 3 **8.** 5 **9.** 5
10. 10; 10 - 4 = 6

Page 6

1. 12, 12, 7, 5
2. 5, 5
3. 6, 9, 6, 6
4. 12, 12
5. 11, 5, 5, 5
6. 4, 11, 4, 11

Page 7

1. 9 **2.** 3 **3.** 4 **4.** 4
5. 4 **6.** 7 **7.** 5 **8.** 7
9. 2 **10.** 8 **11.** 3 **12.** 6
13. 3 **14.** 3 **15.** 10 **16.** 10

Page 8

1. 5 + 9 = 14; 9 + 5 = 14; 14 - 5 = 9; 14 - 9 = 5
2. 9 + 6 = 15; 6 + 9 = 15; 15 - 6 = 9; 15 - 9 = 6
3. 7 + 6 = 13; 6 + 7 = 13; 13 - 6 = 7; 13 - 7 = 6
4. 8 + 9 = 17; 9 + 8 = 17; 17 - 8 = 9; 17 - 9 = 8
5. 8 + 6 = 14; 6 + 8 = 14; 14 - 6 = 8; 14 - 8 = 6
6. 7 + 9 = 16; 9 + 7 = 16; 16 - 7 = 9; 16 - 9 = 7

Page 9

1. 4, 4 **2.** 6, 6 **3.** 9, 3
4. 6, 7 **5.** 7, 8 **6.** 9, 9
7. 7, 7 **8.** 7, 7 **9.** 9, 6
10. 6, 6 **11.** 9, 8 **12.** 5, 8

Page 10

13, 12, 7
8, 13, 9
12, 9, 9
8, 14, 15
16, 17, 5
SECRETARY BIRD

Page 11

Set A has more correct answers.

Set A	Set B
15, 12	13, ~~14~~ (16)
6, ~~8~~ (9)	~~6~~ (7), 8
~~14~~ (15), 13	12, ~~13~~ (14)
9, ~~8~~ (9)	~~7~~ (8), 9

Page 12

1. 13 **2.** 17 **3.** 16 **4.** 14
5. 11 **6.** 18 **7.** 14 **8.** 15
9. 17 **10.** 12 **11.** 18 **12.** 16
13. 17 **14.** 12
15. 15 **16.** 18
17. 18 **18.** 20

Page 13

Page 14

1. 3 2, 3 2, 32
2. 2 9, 2 9, 29
3. 8 7, 8 7, 87
4. 4 0, 4 0, 40
5. 9 4, 9 4, 94

Page 15

1. 3 2, 32
2. 2 9, 29
3. 1 6, 16
4. 4 0, 40
5. 7 3, 73

Page 16

1	2	3	4	5	6	7	8	9	10
11	12	13	14	15	16	17	18	19	20
21	22	23	24	25	26	27	28	29	30
31	32	33	34	35	36	37	38	39	40
41	42	43	44	45	46	47	48	49	50
51	52	53	54	55	56	57	58	59	60
61	62	63	64	65	66	67	68	69	70
71	72	73	74	75	76	77	78	79	80
81	82	83	84	85	86	87	88	89	90
91	92	93	94	95	96	97	98	99	100

Page 17

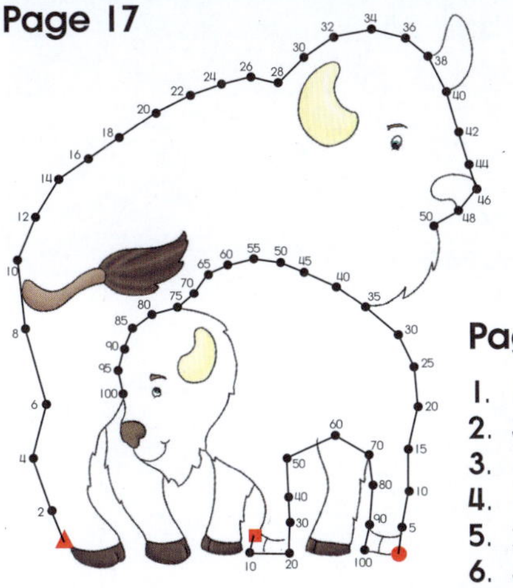

Page 18

1. 33 **2.** 39 **3.** 93
4. 70 **5.** 27 **6.** 51
7. 28 **8.** 62 **9.** 77
10. 41 **11.** 48 **12.** 70
13. 47 **14.** 83 **15.** 30
16. 68 **17.** 100 **18.** 39

Page 19

1. 68 **2.** 84 **3.** 93
4. 70 **5.** 62 **6.** 88
7. 40 **8.** 90 **9.** 62
10. 77 **11.** 18 **12.** 20
13. 65 **14.** 43 **15.** 63
16. 91 **17.** 69 **18.** 28

Page 20

1. 23, 25, 27, 29
2. 62, 64, 65, 67, 68, 70
3. 81, 83, 85, 87, 89
4. 37, 39, 41, 42, 44
5. 57, 60, 62, 63, 65
6. 88, 90, 91, 93, 94, 96
7. 42, 40, 38, 37, 35
8. 74, 72, 70, 69, 67, 66

Page 21

1. 10, 12, 15
2. 36, 45, 49
3. 19, 25, 81
4. 18, 24, 36
5. 29, 41, 57
6. 30, 55, 72
7. 26, 56, 66
8. 72, 78, 87

Page 22

	1. 1	2. 9		3. 4	4. 6	
5. 4		6. 3	7. 8		8. 5	9. 7
10. 3	11. 9		12. 7	13. 9		9
	14. 4	15. 9		16. 2	17. 8	
18. 5		19. 2	20. 9		21. 3	22. 6
23. 8	24. 8		25. 4	26. 9		
	9			8		

Page 23

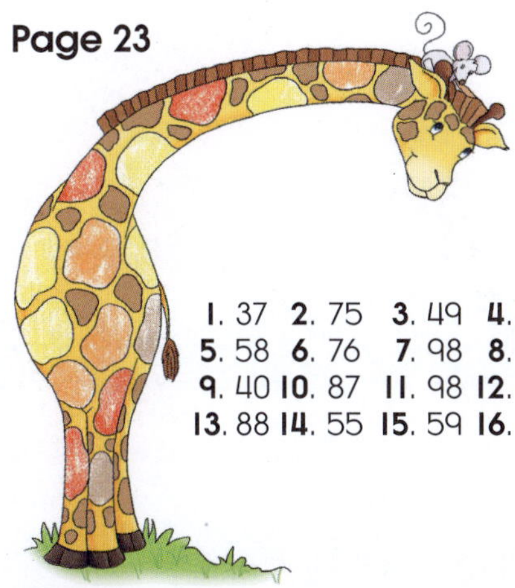

1. 37 **2.** 75 **3.** 49 **4.** 70
5. 58 **6.** 76 **7.** 98 **8.** 89
9. 40 **10.** 87 **11.** 98 **12.** 69
13. 88 **14.** 55 **15.** 59 **16.** 97

Page 24

1. 2 tens 17 ones
2 tens (1 ten 7 ones)
→ 3 tens 7 ones = 37
2. 6 tens 5 ones = 65
3. 8 tens 1 one = 81
4. 4 tens 9 ones = 49
5. 2 tens 6 ones = 26
6. 8 tens 0 ones = 80
7. 5 tens 9 ones = 59

Page 25

1. 52 **2.** 35 **3.** 82 **4.** 60
5. 60 **6.** 86 **7.** 61 **8.** 93
9. 50 **10.** 71 **11.** 91 **12.** 92

Page 26

1. 6	2. 4		3. 7	4. 8
5. 9	7		6. 8	4
7. 5	8. 9		9. 7	10. 3
11. 4	1		12. 3	8

Page 27

1. 32 **2.** 51 **3.** 61 **4.** 50
5. 43 **6.** 26 **7.** 93 **8.** 73
9. 84 **10.** 22 **11.** 67 **12.** 53

Page 28

1. 33
2. 23
3. 50
4. 6
5. 51
6. 21

Page 29

Page 30

1. 53 = 5 tens 3 ones
4 tens 13 ones
2. 46 = 4 tens 6 ones
3 tens 16 ones
3. 81 = 8 tens 1 one
7 tens 11 ones
4. 39 = 3 tens 9 ones
2 tens 19 ones
5. 92 = 9 tens 2 ones
8 tens 12 ones
6. 13 = 1 ten 3 ones
0 tens 13 ones
7. 60 = 6 tens
5 tens 10 ones

Page 31

1. 24 **2.** 56 **3.** 46 **4.** 11
5. 25 **6.** 28 **7.** 40 **8.** 39
9. 29 **10.** 64 **11.** 28 **12.** 18

Page 32

1. 2	2. 4		
3. 5	5		
		4. 4	5. 7
		6. 1	6
7. 3	8. 5		
9. 2	3		
		10. 6	11. 3
		12. 3	9

Page 33

72, 67, 77, 81
64, 55, 19, 78
88, 55, 78, 53
19, 19, 66, 97
AFRICAN ELEPHANT

Page 34

1. 4 hundreds = 400
2. 6 hundreds = 600
3. 8 hundreds = 800
4. 5 hundreds = 500

Page 35

100
200
300
400
500
600
700
800
900

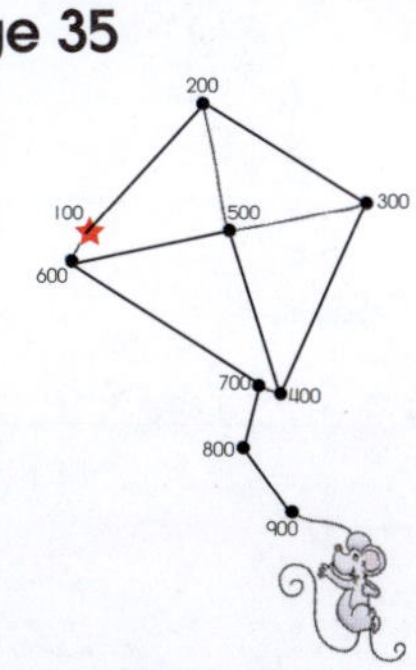

300, 500, 700, 900
200, 400, 500, 700, 800

Answer Key

Page 36

1. 3 hundreds 7 tens 4 ones
   374
2. 2 hundreds 5 tens 9 ones
   259
3. 4 hundreds 5 tens 0 ones
   450
4. 6 hundreds 0 tens 5 ones
   605

Page 37

Page 38

1. 422
2. 280
3. 800
4. 512
5. 180
6. 966
7. 324
8. 678
9. 700
10. 555
11. 90
12. 944
13. 2, 5, 8, 25, 28, 52, 58, 82, 85, 258, 285, 528, 582, 825, 852

Page 39

1. 324
2. 289
3. 333
4. 825
5. 400
6. 899
7. 215
8. 458
9. 570
10. 867
11. 648
12. 444
13. 796

Page 40

1. 344 2. 800 3. 613
4. 110 5. 728 6. 499
7. 164 8. 412 9. 317
10. 241 11. 180 12. 300
13. 135 14. 717 15. 206
16. 651 17. 390 18. 600

Page 41

1. 368 2. 584 3. 903
4. 700 5. 262 6. 878
7. 640 8. 910 9. 565
10. 770 11. 418 12. 532
13. 765 14. 943 15. 639
16. 391 17. 609 18. 728

Page 42

1. 117 2. 109 3. 132 4. 121
5. 107 6. 110 7. 100 8. 150
9. 136 10. 176 11. 110 12. 91
13. 98 14. 121 15. 132 16. 120

Page 43

1. 68 2. 119 3. 104 4. 294
5. 59 6. 120 7. 149 8. 123
9. 99 10. 197
11. 168 12. 84
13. 88 14. 220
15. 146 16. 160
17. 404

Page 44

1. 783 2. 838 3. 659 4. 579
5. 494 6. 881 7. 607 8. 568
9. 483 10. 862 11. 715 12. 786
13. 521 14. 610 15. 800 16. 801

Page 45

1. 198 2. 267 3. 884 4. 246
5. 451 6. 117 7. 362 8. 264
9. 532 10. 172 11. 775 12. 375
13. 595 14. 485 15. 481 16. 683

Page 46

1. 623
2. 43
3. 526
4. 312
5. 535
6. 222

Page 47

1. 124 2. 801 3. 412 4. 321
5. 350 6. 330 7. 61 8. 504
9. 458 10. 431 11. 207 12. 623
13. 723 14. 117 15. 148 16. 412

Page 48

1. 4 + 4 = 8
   2 groups of 4 = 8
   2 x 4 = 8
2. 2 + 2 + 2 = 6
   3 groups of 2 = 6
   3 x 2 = 6
3. 5 + 5 + 5 = 15
   3 groups of 5 = 15
   3 x 5 = 15
4. 1 + 1 + 1 = 3
   3 groups of 1 = 3
   3 x 1 = 3

Page 49

1. 8, 4 x 2 = 8
2. 12, 4 x 3 = 12
3. 20, 4 x 5 = 20
4. 12, 3 x 4 = 12
5. 5, 5 x 1 = 5
6. 15, 3 x 5 = 15
7. 9, 3 x 3 = 9
8. 16, 4 x 4 = 16

Page 50

1. 4
   2
   8
   4 x 2 = 8
2. 3
   5
   15
   3 x 5 = 15

Page 51

1. 3 groups
   3 in each group
   9
   3 x 3 = 9
2. 1 group
   4 in the group
   4
   1 x 4 = 4
3. 2 groups
   2 in each group
   4
   2 x 2 = 4
4. 4 groups
   2 in each group
   8
   4 x 2 = 8

Page 52

1. 3 groups
   5 in each group
   15
   3 x 5 = 15
2. 4 groups
   4 in each group
   16
   4 x 4 = 16
3. 2 groups
   5 in each group
   10
   2 x 5 = 10
4. 2 groups
   4 in each group
   8
   2 x 4 = 8
5. 2 groups of 3 eggs

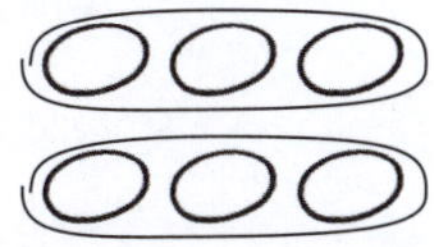

2 x 3 = 6

6. 3 groups of 3 snakes

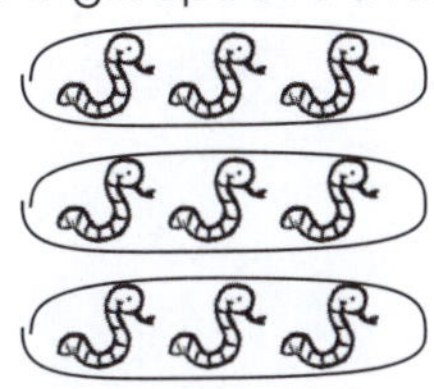

3 x 3 = 9

Page 53

1. 3 x 2 = 6
2. 3 x 3 = 9
3. 2 x 4 = 8
4. 2 x 5 = 10
5. 2 groups of 5 circles

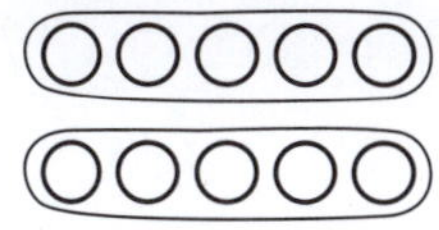

2 x 5 = 10

6. 4 groups of 2 squares

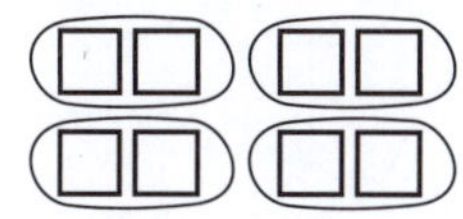

4 x 2 = 8

Page 54

1. 6 **2.** 9
3. 15 **4.** 4
5. 8 **6.** 12
7. 3 **8.** 10
9. 0 **10.** 6
11. 2 **12.** 0

x	0	1	2	3	4	5
2	0	2	4	6	8	10
3	0	3	6	9	12	15

Pattern:
Each column goes up by the row number.

Page 55

1. 8 **2.** 5
3. 15 **4.** 12
5. 16 **6.** 0
7. 4 **8.** 10
9. 20 **10.** 20
11. 0 **12.** 25

x	0	1	2	3	4	5
2	0	2	4	6	8	10
3	0	3	6	9	12	15
4	0	4	8	12	16	20
5	0	5	10	15	20	25

Pattern:
Each column goes up by the row number.

Page 56

1. 9, 10, 12, 13, 15, 17
2. 44, 46, 48, 50, 51
3. 176, 177, 179, 180, 182, 183
4. 605, 606, 608, 610, 611, 613
5. 20 **6.** 56 **7.** 399
8. 98 **9.** 900 **10.** 554
11. 17 **12.** 40 **13.** 100
14. 139 **15.** 500 **16.** 889

Page 57

17. 20 **18.** 67 **19.** 49
20. 100 **21.** 310 **22.** 800
23. 81 **24.** 60 **25.** 75
26. 183 **27.** 440 **28.** 693
29. 26 **30.** 70 **31.** 145
32. 327 **33.** 606 **34.** 556
35. 345
36. 534

Page 58

1. 4 + 9 = 13, 9 + 4 = 13, 13 - 4 = 9, 13 - 9 = 4
2. 5 + 7 = 12, 7 + 5 = 12, 12 - 5 = 7, 12 - 7 = 5
3. 7 + 9 = 16, 9 + 7 = 16, 16 - 7 = 9, 16 - 9 = 7

4. 77 **5.** 81 **6.** 66 **7.** 154
8. 103 **9.** 129 **10.** 558 **11.** 739
12. 399 **13.** 470 **14.** 716 **15.** 690

Page 59

16. 43 **17.** 36 **18.** 45 **19.** 38
20. 40 **21.** 4 **22.** 224 **23.** 333
24. 433 **25.** 426 **26.** 164 **27.** 19
28. 99 **29.** 41 **30.** 63 **31.** 299
32. 117 **33.** 302 **34.** 742 **35.** 168
36. 12 **37.** 10 **38.** 4
39. 5 **40.** 20 **41.** 0

Award
Great Job!
Name
finished Maths Basics 3
from
Hinkler.
WOOF!